IMÁGENES
de los Estados Unidos

ELLIS ISLAND

Dedicado a mis colegas en el departamento de servicios en el Museo de Inmigración de Ellis Island

IMÁGENES
de los Estados Unidos

ELLIS ISLAND

Barry Moreno

ARCADIA
PUBLISHING

Copyright © 2016 by Barry Moreno
ISBN 978-0-7385-9571-9

Published by Arcadia Publishing
Charleston, South Carolina

Printed in the United States of America

Library of Congress Catalog Card Number: 2016939337

For all general information contact Arcadia Publishing at:
Telephone 843-853-2070
Fax 843-853-0044
E-mail sales@arcadiapublishing.com
For customer service and orders:
Toll-Free 1-888-313-2665

Visit us on the Internet at www.arcadiapublishing.com

TABLA DE CONTENIDOS

INTRODUCCIÓN

Ellis Island interesará a alguien que quiera descubrir el rico patrimonio inmigrante de los Estados Unidos. En gran medida, fue como un imán durante una de los mayores movimientos migratorios en la historia a nivel mundial. En su día (un periodo de 62 años), era el escenario principal para las políticas inmigratorias de los Estados Unidos. Millones de extranjeros fueron retenidos allí, en ciertos casos durante poco tiempo, y miles fueron excluidos y deportados desde allí. Se estima que 12 millones de personas pasaron por Ellis Island durante sus primeros 32 años de funcionamiento (de 1892 a 1924) y unos cientos de miles más pasaron por allí antes de que la estación cerrara. En total, el noventa por ciento de los extranjeros que llegaron a Ellis Island para entrar en los Estados Unidos eran europeos, y este hecho revela su importancia en la historia de Europa. Europa perdió millones de sus ciudadanos, que emigraron a América del Norte, algo que rompió vínculos familiares y lealtades políticas. Durante los primeros años de esta migración masiva, el gobierno estadunidense sintió que tenía la responsabilidad de regular el flujo de inmigrantes a través de Ellis Island y otras estaciones para no permitir la entrada de forasteros no deseados. Los más comunes eran los enfermos, los que podrían cometer delitos o los inmorales, y los casos en los cuales los políticos temían que podrían convertirse en personas necesitadas. Los recién llegados eran bienvenidos a los Estados Unidos siempre que representaran una mano de obra energética y fresca que pudiera contribuir a las industrias y empresas nacionales. Por esta razón, la mayoría de las leyes de inmigración en los Estados Unidos hasta 1917 eran bastante permisivas. No fue hasta que el número de inmigrantes aumentó de manera precipitada después del comienzo del siglo XX, que el Congreso de los Estados Unidos empezó a tener debates sobre la restricción de la inmigración. Entre 1914 y 1918, la inmigración disminuyó considerablemente debido a la guerra en Europa. El cambio mostró que las industrias en los Estados Unidos podían sobrevivir sin la llegada constante de gente nueva en los barcos, lo que dio lugar a críticas que exigían grandes recortes en inmigración. La nueva presión hizo que el Congreso introdujera nuevas leyes severas en 1921 y en 1924, que limitarían el número de inmigrantes a una cifra muy baja a finales de la década. Se acordó de manera general que la inmigración no seguía siendo de interés nacional. Desde entonces, Ellis Island dejó de ser la puerta dorada de entrada a los Estados Unidos. Luego sirvió como el principal centro de detención y de deportación de los Estados Unidos hasta que el último extranjero salió de la isla el 12 de noviembre de 1954.

Una breve explicación de los procesos de inmigración podría ayudar al lector a entender lo que tuvo lugar en Ellis Island. Los emigrantes compraban sus billetes para el barco de vapor y daban todos sus datos personales para el manifiesto de carga marítimo al vendedor de billetes en el país de origen o el puerto de salida. Pasaban exámenes médicos y se les vacunaba en la mayoría de los puertos de salida, y una vez más cuando estaban a bordo del barco de vapor. Antes de 1920, no era necesario tener un pasaporte o una visa para entrar en los Estados Unidos. Cuando llegaban al puerto de Nueva York, los barcos de vapor pasaban lentamente por los embarcaderos en Manhattan, Brooklyn o Hoboken y los pasajeros de tercera clase, los inmigrantes, eran llevados a Ellis Island en barcazas para la inspección. Los pasajeros que viajaban en cabina, que no eran considerados inmigrantes, eran inspeccionados a bordo del barco; sólo algunos eran retenidos y llevados a Ellis Island.

En Ellis Island, los médicos del servicio sanitario público de los Estados Unidos examinaban a los inmigrantes colocados en línea. El primer médico, conocido como "el médico de los ojos" les levantaba con cuidado los parpados en busca de signos de mala visión y enfermedades como tracoma, conjuntivitis y cataratas. Entre ellas, el tracoma era la más temida, ya que tras certificar esta enfermedad, los inspectores de inmigración no tenían más opción que rechazar la entrada del extranjero y forzarle a volver a su país de origen. Millones de personas en el norte de África, especialmente los niños, sufren tracoma hoy en día. Un segundo médico comprobaba la salud mental y física y también que tuvieran unas condiciones de higiene aceptables. Esta segunda parte del examen se conocía como "el vistazo médico", porque los médicos supuestamente podían ver cualquier signo de enfermedad con tan sólo mirarlos durante entre seis y 40 segundos. Tras pasar estos exámenes médicos, los inmigrantes subían las escaleras hacia la sala de registro. Aquí un inspector decidía si aceptar, rechazar y retener a los extranjeros. A cada inmigrante le hacían preguntas en función de información que ellos habían dado anteriormente para el manifiesto de carga marítimo, y cuando surgían complicaciones, les hacían preguntas adicionales. Puesto que la mayoría de los extranjeros no hablaban nada de inglés era necesario un intérprete. Había un inspector que escuchaba detalladamente y miraba a cada inmigrante en busca de cualquier señal de inadmisibilidad. Los casos problemáticos o extranjeros sospechosos eran temporalmente detenidos para una investigación especial, hospitalización o exclusión. La mayoría de los extranjeros no tenían problemas para pasar estos procedimientos burocráticos y eran liberados después de aproximadamente unas cinco horas. Bajaban las escaleras de la separación y se dirigían bien hacia el barco de Ellis Island con destino Manhattan o bien hacia la vía ferroviaria de detrás del edificio principal, para coger un barco que los llevaba la estación de tren de Jersey City. Después de salir de Ellis Island, la mayoría estaban fuera de Nueva York o Nueva Jersey pocas horas después y se dirigían a un número indefinido de destinos en los Estados Unidos y Canadá.

Las imágenes de este libro son como pinturas en marcos de oro, permiten a la mente contemporánea hacerse una idea de las dificultades de la raza humana en el mundo en evolución entre los años 1890 y 1950. Cuentan las historias de millones de personas que todavía vivían al borde de la modernidad y que adquirieron conocimiento sobre los Estados Unidos muy poco a poco. Mucho de lo que sabían les llegaba a través del boca a boca, de una carta, folleto o incluso una película muda, todos ellos métodos poco útiles para informarse acerca de un viaje de esa importancia. Este libro cuenta una historia de más de un siglo y no sólo cuenta la historia de los inmigrantes sino también la historia de varias organismos gubernamentales y sus burócratas en Ellis Island durante todos esos años, incluyendo el Departamento de Inmigración de los Estados Unidos, la Guardia Costera, el Servicio Sanitario Público de los Estados Unidos y el Servicio de Parques Nacional. Este libro rinde homenaje a todos ellos.

—Barry Moreno
Staten Island
Julio de 2003

Uno

DE CASTLE GARDEN A ELLIS ISLAND

EN UN PUERTO INGLÉS. Aquí se muestra una escena típica de emigrantes mientras que se preparan para su largo trayecto a bordo de un barco en el siglo XIX. A la derecha, un hombre da muñecas a una multitud de niñas; en el centro, una matrona intenta consolar una joven; detrás de ellos, más pasajeros cargando cajas embarcan.

CASTLE GARDEN. Fue la primera estación estadunidense para inmigrantes. Se inauguró en Agosto de 1855, y la manejaba el gobierno del estado de Nueva York y se convirtió en un símbolo para los emigrantes europeos. Aproximadamente ocho millones de inmigrantes habían pasado por sus salas cuando cerró sus puertas, en abril de 1890. Los grupos más numerosos eran los alemanes, los escandinavos, los irlandeses, los ingleses, los escoceses y los franceses. Muchos se convirtieron en granjeros en el Medio Oeste de los Estados Unidos o en Canadá.

UNA MIRADA MÁS PROFUNDA A CASTLE GARDEN. Situado al sur de Manhattan, Castle Garden tenía una ubicación ideal, donde los capitanes de los barcos enviaban a sus pasajeros extranjeros para la inspección de inmigrantes. Esta vista de alrededor de 1888 muestra los numerosos edificios dentro del complejo, como la enfermería y la oficina de inteligencia. La Estatua de la Libertad se puede ver de fondo. Finalmente, una serie de escándalos forzaron el cierre de la estación.

EN EL INTERCAMBIO LABORAL EN CASTLE GARDEN, DURANTE LA DÉCADA DE 1860. Este boceto revelador muestra una multitud de inmigrantes que buscan trabajo. Un escocés (a la izquierda) está de pie delante un baúl alemán. Los demás son en su mayoría alemanes. Todos parecen estar tranquilos y no se han dado cuenta que un ladrón está revolviendo en la cartera de una mujer.

LA TRAVESÍA MARÍTIMA. Joseph Byron sacó esta instantánea de los pasajeros inmigrantes tomando el sol y aire en la cubierta del barco de vapor *Pennland* en 1890.

BUEN HUMOR EN EL BARCO. En esta imagen, Joseph Byron capturó un momento lleno de alegría en las vidas de estos emigrantes pasajeros del barco *Pennland*. A pesar de la luz del sol, hace frío en la cubierta.

UN VISTAZO AL CIELO. En esta imagen de 1890 del *Pennland*, una inmigrante mira hacia el cielo tranquilamente mientras que los demás pasajeros fruncen el ceño al fotógrafo.

ELLIS ISLAND. Antes de que llegaran los europeos, los nativos americanos locales la llamaban Gull Island o kioshk. Allí recogían ostras, almejas y mejillones y pescaban lubina rayada atlántica y platija. Los holandeses compraron la isla a los nativos americanos en 1630 y la llamaron La Pequeña Isla de las Ostras. En 1774, Samuel Ellis (1712–1794) la compró. El gobierno federal de los Estados Unidos se apoderó de la isla en 1808 y construyó Fort Gibson allí, como se puede ver en este dibujo.

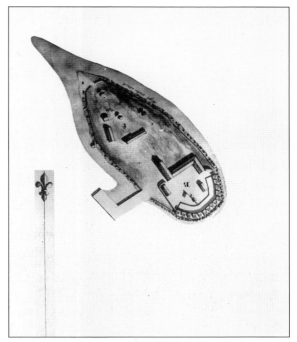

CABALLOS, CARROS E INMIGRANTES EN LA OFICINA DE LA BARCAZA. En 1890, el Congreso y el Presidente Harrison eligieron Ellis Island como el emplazamiento de la primera estación para recibir inmigrantes en los Estados Unidos, y sería regido por las autoridades federales. Mientras que se construía la nueva estación, el gobierno usó la oficina de la barcaza, mostrada aquí, como un sitio de desembarco temporal para inmigrantes. Estaba ubicado en la orilla de Battery Park y era visible desde Castle Garden.

El Coronel John B. Weber, el comisario de Ellis Island, 1890–1893. Un hombre ocupado, Weber dirigió la oficina de la barcaza, supervisó los trabajos de construcción en Ellis Island, investigó las condiciones de emigración en Europa y abrió Ellis Island en 1892. John Baptiste Weber (1842–1926) dirigió un regimiento afroamericano durante la Guerra de Secesión. En los años 1880, fue miembro del Congreso por Buffalo y Lackawanna y terminó su carrera como encargado de la Exposición Panamericana de 1901.

Los inspectores del registro. Esta fotografía de la oficina de la barcaza muestra a los primeros inspectores federales del registro, que cobraban 1.200 dólares al año. Todos habían trabajado anteriormente en Castle Garden y continuarían haciéndolo en Ellis Island. En esta fotografía, de izquierda a derecha, se encuentran: (sentados) Najeeb J. Arbeely, M.N. Gilbertson, D.T. Van Duzer y R.W. Conradson; (de pie) Christian A. Raven, S.A. Smith y Charles Semsey. Arbeely, un inmigrante sirio, hablaba árabe y francés con fluidez.

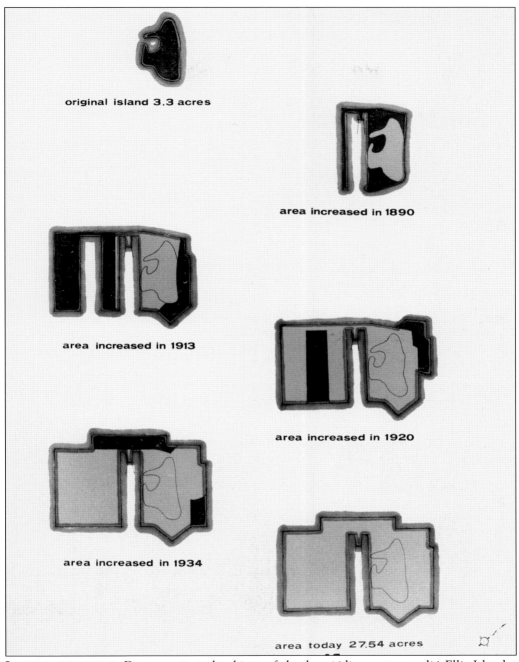

original island 3.3 acres

area increased in 1890

area increased in 1913

area increased in 1920

area increased in 1934

area today 27.54 acres

LA ISLA CRECIENTE. Durante años, el gobierno federal periódicamente amplió Ellis Island a través de operaciones de relleno sanitario. La urgente necesidad de más edificios finalmente dio lugar al tamaño actual de la isla de unas 11.000 hectáreas. En función de una resolución de 1998 del Tribunal Supremo, las zonas de relleno sanitario son parte de Nueva Jersey y la isla original queda dentro del estado de Nueva York.

La primera estación en Ellis Island, 1892–1897. Fue diseñada por J. Bachmeyer, del servicio estadunidense de edificios públicos, y construida en 1891 por Sheridan y Byrne. La nueva estación, hecha de pino de Georgia, tenía paredes pintadas en beige y un tejado de pizarra azul. La revista *Harper's Weekly* declaró que se parecía a un hotel muy barato. Un incendio terrible la destruyó la mañana del 15 de junio de 1897.

EL PRIMER INMIGRANTE. La inmigrante irlandesa Annie Moore, quien viajó a los Estados Unidos a bordo el barco *Nevada*, recibió una sorpresa cuando llegó en Ellis Island el 1 de enero de 1892, ya que era la primera persona en llegar a la recién construida estación. El comisario Weber le dio una moneda de oro de 10 dólares y un sacerdote católico le dio su bendición. Charles M. Hendley la registró junto con sus hermanos y luego los entregó a su padre, Matthew Moore. En diciembre de 1895, Annie se casó con un inmigrante católico alemán, Joseph Augustus Schayer. La pareja se instaló en la calle Cherry en el barrio Lower East Side. Joseph trabajó en el mercado de pescado Fulton, que estaba cerca de su casa. La familia Schayer tuvo 11 hijos, seis de los cuales murieron antes de cumplir tres años. Annie Schayer murió en 1924 a la edad de 47 años.

UN CONTROL DE INMIGRANTES. André Castaigne dibujó este boceto maravilloso de un inspector y un intérprete registrando a un extranjero en 1896. El edificio donde esta inspección tuvo lugar fue destruido en un incendio en 1897.

MAIN BUILDING
FRONT ELEVATION
U.S. IMMIGRANT STATION
ELLIS ISLAND
SCALE ⅛INCH=1FOOT

EL DISEÑO PARA EL NUEVO EDIFICIO PRINCIPAL. Este es el diseño aprobado para el edificio principal de la segunda estación donde se recibían inmigrantes en Ellis Island. La estructura incombustible está construida de caliza y de una disposición de ladrillos puestos al estilo flamenco sobre una estructura de acero. El estilo general es del Renacimiento francés. El edificio fue diseñado por los arquitectos William Boring y Edward Tilton en 1897–1898. Esta plano incluye las firmas de James Knox Taylor, el arquitecto superviso del Departamento de Tesoro y tres miembros del gabinete, incluyendo el secretario del interior Cornelius Bliss, quien había sido un destacado recaudador de fondos para la Estatua de la Libertad en los años 1880.

UN EMBLEMA AMERICANO INCRUSTADO EN PIEDRA. Uno de los impresionantes aspectos arquitectónicos en la entrada al edificio principal es un par de águilas calvas ornamentales posadas sobre los escudos de las barras y las estrellas. Este tipo de ornamentación era bastante adecuada para el estilo Beaux-Arts del edificio. Boring y Tilton recibieron la medalla de oro en la exhibición de París de 1900 por el diseño del edificio.

LA CONSTRUCCIÓN DEL NUEVO DIQUE. La empresa Phoenix Construction empezó a construir un dique hecho de hormigón y granito en el norte del muelle de ferris, como se ve en esta fotografía de agosto de 1913.

UNA VISTA AÉREA DE ELLIS ISLAND. Sacada en 1920 aproximadamente, esta fotografía muestra el panorama inmaculado de la Isla Uno, donde está situado el edificio principal, mientras que en primer plano, el espacio entre la Isla Dos y la Isla Tres todavía no está totalmente relleno. La mayor parte del relleno sanitario de esta zona tuvo lugar entre 1924 y 1932.

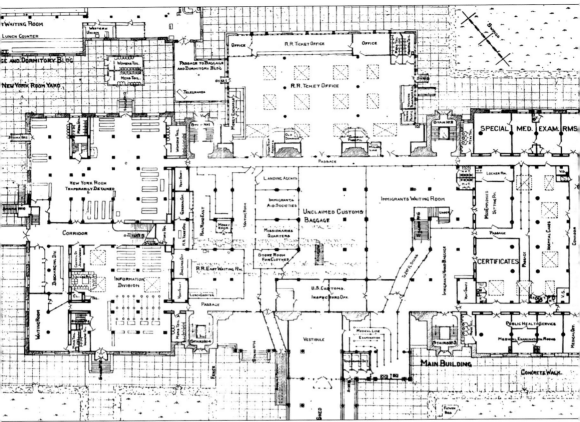

UN ESBOZO DE LA PLANTA BAJA DEL EDIFICIO PRINCIPAL, 1907. Este extraordinario gráfico revela la complejidad del control de la inmigración en la estación más grande de los Estados Unidos durante su año más activo. En 1907, se registraron unas 1.285.000 personas en la isla. La zona central muestra la oficina de los oficiales de aduana, las salas para los exámenes médicos, la zona para el depósito del equipaje de mano de los inmigrantes, y salas separadas para misioneros, sociedades para la ayuda a los inmigrantes, y para los agentes recién llegados en los barcos de vapor. El ala derecha del edificio es propiedad del Servicio de Salud Pública de los Estados Unidos, y el ala izquierda incluye una sala grande para extranjeros temporalmente detenidos que se dirigieran a Nueva York, la división de información, la división de descarga, y una sala privada para el Consejo Nacional de Mujeres Judías.

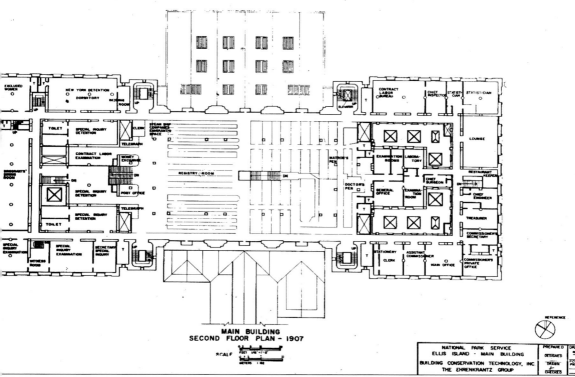

MAIN BUILDING
SECOND FLOOR PLAN - 1907

SCALE

UN ESBOZO DE LA SEGUNDA PLANTA DEL EDIFICIO PRINCIPAL, 1907. Este dibujo nos muestra cómo estaba distribuida la segunda planta. En el centro de la sala de registros (La Gran Sala) había unas escaleras centrales que llevaban a los inmigrantes a un callejón de recintos de hierro. Estos eran como corrales, y algunos empleados de Ellis Island llamaban bromeando animales a los inmigrantes. Como se puede ver, los médicos tenían recintos especiales en los cuales detenían de quienes sospechaban que podrían tener enfermedades y las matronas tenían recintos para las mujeres que necesitaban cuidado o para las que estaban bajo sospecha. El ala derecha de esta planta estaba principalmente dedicada a la organización estadounidense para la inmigración e incluía la oficina privada del comisario, el departamento de contrataciones, y las zonas para los exámenes médicos, incluyendo la sala psiquiátrica. El ala izquierda era para la detención. Contuvo la división para la investigación especial, incluyendo dos salas de audiencia, salas de detención, una sala de testigos, la zona de detención de Nueva York, el comedor de los inmigrantes y la sala para las mujeres excluidas.

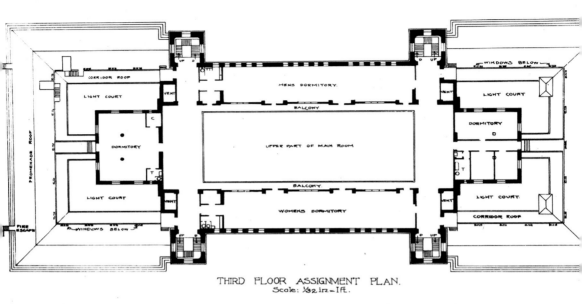

THIRD FLOOR ASSIGNMENT PLAN.
Scale: 1/32 in = 1 ft.

MAIN BUILDING

UN ESBOZO DE LA TERCERA PLANTA DEL EDIFICIO PRINCIPAL, 1907. Este simple plano muestra la planta del balcón y los respectivos dormitorios para los hombres y para las mujeres en lados opuestos. Las alas derecha e izquierda contienen dos dormitorios más, patios iluminados y paseos donde se podía hacer ejercicio y tomar el aire.

Dos

AÑOS DE GLORIA, AÑOS DE CONTROVERSIA

EL COMISARIO GENERAL Y LA DIVISIÓN DE ESTADÍSTICAS. Esta fotografía de 1906 fue sacada para conmemorar la visita oficial de Frank Sargent, el comisario general de inmigración, quien había viajado desde Washington, DC. El comisario general con su bigote está de pie delante en el escalón más bajo a la derecha, mientras que en el lado opuesto, Robert Watchorn, el comisario de Ellis Island, está de pie detrás de dos mujeres. En la fotografía se encuentran el jefe de la división, inspectores, empleados, y taquígrafos. Un dato curioso es que se puede ver a un inspector negro al fondo a la derecha. Sargent (1854–1908) hizo un seguimiento de los acontecimientos en Ellis Island y apoyó a sus comisarios allí, William Williams (1902–1905) y Robert Watchorn (1905–1909).

EL COMISARIO ROBERT WATCHORN CON DIGNITARIOS VISITANTES. Esta espléndida imagen de la época eduardiana muestra al comisario Watchorn sin su sombrero y de pie en el paseo marítimo de Ellis Island acompañado de sus invitados. Esta fotografía fue sacada por el oficial mayor Augustus F. Sherman. Robert Watchorn (1858–1944) nació en Derbyshire, Inglaterra, y había emigrado a los Estados Unidos a principio de la década de 1870. Trabajó en las minas de carbón de Pensilvania, pero a través de su trabajo duro y su ambición, alcanzó un puesto importante en su sindicato. Después de trabajar como secretario del gobernador de Pensilvania, empezó a trabajar para el departamento de inmigración estadunidense y trabajó como inspector en Ellis Island. Ascendió al puesto de comisario en la estación de Montreal y en 1905 el Presidente Theodore Roosevelt lo nombró sucesor en Ellis Island del brillante comisario William Williams (1862–1947). Después de trabajar en Ellis Island, Watchorn dimitió del gobierno y empezó con una exitosa carrera como ejecutivo petrolero.

LA SOLICITUD DE LOS DOCUMENTOS DE EMIGRACIÓN EN POLONIA. Esta fotografía sacada en Varsovia, permite hacerse una idea de las enormes masas de judíos que se apresuraron para escaparse de Europa del Este. En esta imagen, las personas están solicitando documentos de emigración. Más de 1,5 millones de judíos inmigraron a través de Ellis Island.

UN PASAPORTE GRIEGO DE 1916. Este documento interesante fue emitido en Atenas por el gobierno griego a un rabino judío y su familia.

PUBLICIDAD DE UN BARCO DE VAPOR EUROPEO. Esta es una publicidad clásica de una de las grandes empresas europeas de barcos de vapor, La Compagnie Générale Translatlantique, conocida por los estadunidenses como la línea francesa. El *Paris*, que formaba parte del servicio Le Havre–Nueva York, era uno de los grandes barcos de su época. Aparte de emigrantes franceses, este servicio también atrajo a belgas, luxemburgueses, suizos, austriacos, armenios, y rusos.

INSPECTION CARD

(Immigrants and Steerage Passengers).

The East-Asiatic Company, Limited. BALTIC AMERICA LINE.

Port of departure, DANZIG. S. S. Estonia

Name of ship,

Name of Immigrant,

Date of departure,

Last residence,

Inspected and passed ad DANZIG.	Passed at quarantine, port of	Passed by Immigration Bureau
UNITED STATES Seal Stamp of Consular or PUBLIC HEALTH SERVICE Medical Officer	(Date).	port of ... (Date).

(The following to be filled in by ship's surgeon or agent prior to or after embarcation).

Ship's list or manifest 10   No. on ship's list or manifest 15

Berth No.	Steamship inspection	1st day.	1	2	3	4	5	6	7	8	9	10	11	12	13	14	15	16	17	18	19

No. 37c. 5000. 5. 24.

UNA TARJETA DE INSPECCIÓN MÉDICA. Durante el trayecto en barco a los Estados Unidos, los emigrantes debían someterse a varios exámenes médicos. Esta tarjeta de inspección médica muestra que Izek Izaki, un pasajero a bordo el barco de vapor de la empresa Baltic America llamado *Estonia*, que navegó desde el puerto de Danzig (Gdansk), fue hospitalizado al llegar en Ellis Island.

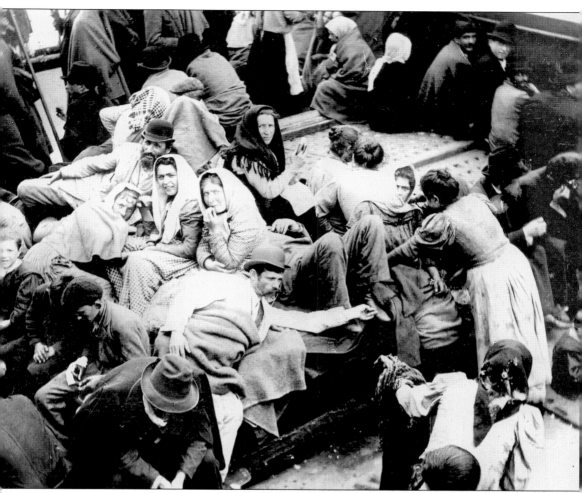

LA CUBIERTA DE UN BARCO DE VAPOR DE LA EMPRESA RED STAR LINE. En esta fotografía de 1901, una multitud de inmigrantes cansados intenta relajarse y tomar el aire en la cubierta del barco de vapor belga *Westernland*. Los vecinos desagradables, malos olores y una falta de espacio eran comunes para los pasajeros en la bodega. Un trayecto como éste podría durar entre cinco días y cinco semanas.

LAS MASAS AMONTONADAS A BORDO EL BARCO. Aquí encontramos una escena típica capturada en la cubierta de un barco de vapor transatlántico. Lo bueno sobre la fotografía es la cooperación de los pasajeros con el fotógrafo.

EL ATRAQUE DEL ADRIATIC. Los inmigrantes se están preparando para el desembarque desde la cubierta de este barco de la empresa White Star Line. Esta fotografía fue sacada el 2 de julio de 1923.

PREPARÁNDOSE PARA LLEGAR A LOS ESTADOS UNIDOS. Al final de su trayecto, estos inmigrantes se preparan con ganas para el desembarque.

LAS BOLSAS Y LAS MALETAS. Aquí los pasajeros de la cubierta están rodeados por sus numerosas y variadas pertenencias, que tenían que ser verificadas por los inspectores de la aduana federal antes de que pudieran ser registrados en Ellis Island.

A bordo del Bremen. En esta fotografía, se ve a una multitud de alemanes a bordo de un barco de vapor de la compañía Lloyd del norte de Alemania en 1925. Unos 600.000 de alemanes pasaron por Ellis Island.

El joven Edward Flanagan llega a los Estados Unidos. Edward Joseph Flanagan (1886–1948), el gran hombre al frente, aparece con su hermano Patrick y otros pasajeros irlandeses a bordo el *Celtic*. El barco atracó en el puerto de Nueva York el 27 de agosto de 1904. Los dos Flanagan se ordenaron como sacerdotes. Edward Flanagan creó Boys Town en el estado de Nebraska, que fue uno de los reformatorios de menores más importantes de la iglesia católica.

UNA DE LAS 1.000 CHICAS EN EDAD DE CONTRAER MATRIMONIO. Esta interesante imagen de una de las mil chicas en edad de contraer matrimonio que viajaban a bordo del barco de vapor el *Baltic*, de la compañía White Star en 1907, nos muestra el creciente número de mujeres que emigraron a los Estados Unidos en busca de maridos. Esta joven mujer es inglesa. Poco más de un millón de inmigrantes de Gran Bretaña e Irlanda pasaron por Ellis Island.

LAS AUTORIDADES DAN LA BIENVENIDA. Al entrar al puerto de Nueva York, los barcos de vapor eran recibidos por el guardacostas del Departamento de Inmigración de los Estados Unidos, que transportaba a los encargados de la inspección a bordo, un empleado, un médico, y en muchos cosas una matrona. Su tarea consistía en verificar información sobre los pasajeros extranjeros, conseguir el manifiesto de carga marítimo, interrogar a los pasajeros que viajaban en cabina, posiblemente retener a algunos, y de identificar a todos los pasajeros de tercera clase y llevarlos a Ellis Island para la inspección.

DESDE NUEVA JERSEY HASTA ELLIS ISLAND. Después de someterse a la inspección de aduana en Hoboken, Nueva Jersey, los pasajeros de los barcos de vapor alemanes y holandeses viajaban a bordo de una barcaza y en un ferri hasta Ellis Island. Hasta la década de 1920, Hoboken fue una de las ciudades más alemanas en la costa este.

ELLIS ISLAND Y MANHATTAN DESDE EL AIRE. Esta fotografía de 1931 aproximadamente muestra el relleno sanitario en Ellis Island a punto de terminarse.

EL EDIFICIO PRINCIPAL CON LA CUBIERTA. En esta fotografía se muestra el edificio principal en 1905 aproximadamente. La quietud de la imagen, sacada por la mañana temprano, da un aire majestuoso y sereno al edificio antes de la multitud impaciente de inmigrantes y personal de inmigración abarrotaran sus pasillos y sus salas.

EL GUARDACOSTAS DE INMIGRACIÓN EN ELLIS ISLAND. Esta espléndida fotografía nos muestra una visión cercana del guardacostas del departamento de embarque que llevaba a los inspectores y a otros miembros del personal desde la oficina de la barcaza, en Battery Park, hasta los barcos de vapor en el puerto cada mañana y tarde. Detrás del guardacostas se ve un ferri que llevaba inmigrantes desde Ellis Island hasta los embarcaderos de Nueva York y Nueva Jersey.

UNA MULTITUD DE INMIGRANTES. Esta es una de las fotografías del encargado principal Augustus Sherman. Los hombres al fondo son italianos.

LOS HOMBRES DE LOS OJOS. Una de las cosas que más molestaba a los inmigrantes recién llegados era tener que someterse un examen de la vista. Este examen lo llevaban a cabo cirujanos del Servicio de Salud Pública de los Estados Unidos, que volteaban los párpados de los inmigrantes en busca de cualquier indicación de la enfermedad peligrosa y contagiosa el tracoma.

LA PRUEBA DE VISIÓN VISTA DESDE CERCA. El tracoma no era el único problema visual que buscaban los médicos. También buscaban signos de conjuntivitis. Se marcaba con tiza a todos los que pudieran tener una enfermedad ocular con las letras "E" o "Ct" (tracoma) y se les retenía temporalmente en una celda junto a otros retenidos por motivos médicos. Una vez terminada la inspección, los médicos llevaban a todo el grupo a las salas para las revisiones médicas.

EL EXAMEN MÉDICO EN LA GRAN SALA. La prueba de visión recibió mucha atención en la prensa durante las dos primeras décadas del siglo XX. Esta imagen muestra el sistema de vallas o jaulas en la segunda planta por las que se movían los inmigrantes durante el proceso de inspección.

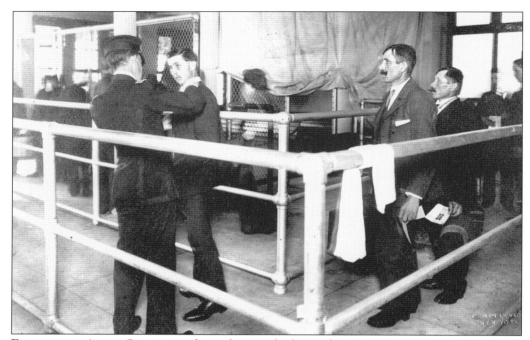

EL EXAMEN FÍSICO. Otro grupo de médicos realizaban a los inmigrantes el examen llamado "el examen físico de seis segundos", en el cual hacían una exploración rápida para determinar cualquier indicación de enfermedades físicas o mentales. La más mínima sospecha podría dar lugar a que un médico sacara su caliza y escribiera una marca en el abrigo del inmigrante. Por ejemplo, "B" significó la espalda, "Ft" los pies, "H" el corazón, "K" una hernia, "S" la senilidad, y "X" los débiles mentales.

LA FILA DE INMIGRANTES EN LA SALA DE REGISTRO. Esta fotografía de 1907 nos muestra el creciente número de mujeres que inmigraron a los Estados Unidos después de 1900. Las mujeres no acompañadas por un hombre de su familia eran temporalmente retenidas o completamente excluidas.

EL MÉDICO ES UNA MUJER. En 1914, la doctora Rose A. Bebb fue nombrada la primera médico del género femenino en Ellis Island. Esto hizo que los exámenes ginecológicos para buscar signos de embarazo o enfermedades fueran más soportables para las mujeres entre los inmigrantes.

EN LA SALA PSIQUIÁTRICA. Los detenidos por causas mentales eran llevados a esta sala y se sentaban en una fila de bancos con otros detenidos hasta que les llegara su turno. Tenían que acercarse a este escritorio e intentar resolver los acertijos de piezas de madera y responder a una serie de preguntas. Entre las 40 personas examinadas, sólo solían certificar a uno o dos como mentalmente débiles y deportarlos a su país de origen.

LOS EDIFICIOS PRINCIPALES DEL HOSPITAL. Estaba ubicado enfrente del edificio principal, al otro lado del atracadero, el hospital para los inmigrantes, a la derecha, terminó de construirse en 1901 y la extensión al hospital, a la izquierda, se añadió en 1905. Las oficinas administrativas del Servicio de Salud Pública de los Estados Unidos estaban en el edificio central. Demasiado lejos a la derecha para ser visible en esta fotografía se encuentra el pabellón para los psicópatas, que se añadió en noviembre de 1907.

CUIDAR A LOS ENFERMOS. Esta enfermera de Ellis Island (al fondo) aparece con una familia de inmigrantes asiáticas a principios de los años 1920. Los chinos eran la nacionalidad asiática más numerosa que pasó por Ellis Island.

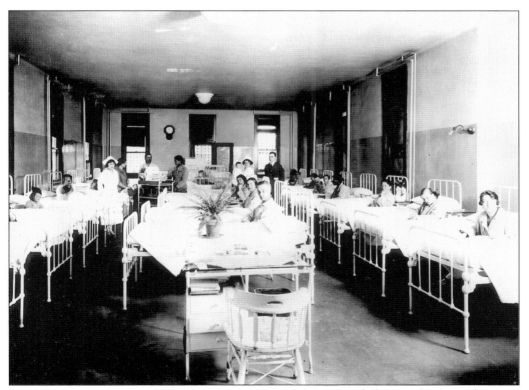

EL PABELLÓN DE LAS MUJERES. Mujeres inmigrantes que habían sido retenidas para hospitalización aparecen tranquilamente sentadas en sillas al lado de sus camas recién hechas en esta fotografía planeada.

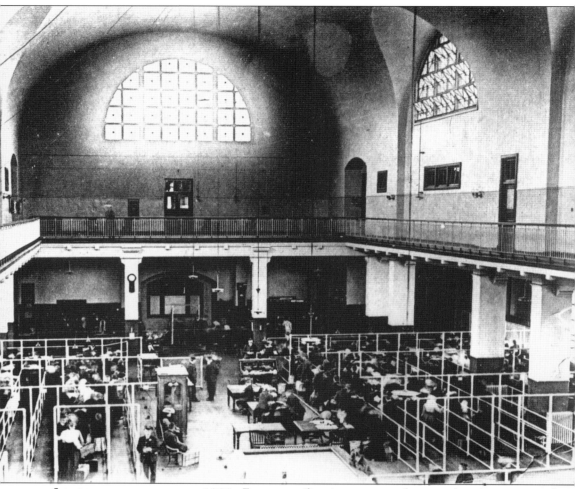

LA SALA DE REGISTROS, 1903. Esta magnífica imagen nos da una idea de cómo estaba organizada la Gran Sala hace 100 años. La cámara enfoca el gran sistema de jaulas y callejones que llevan a los escritorios de los inspectores del registro donde tenían lugar los interrogatorios, y las escaleras de la separación al final. Como se puede ver aquí, los inmigrantes debían esperar en fila durante todo el procedimiento.

LOS DELEGADOS DE INMIGRACIÓN ESTADOUNIDENSE VISITAN ELLIS ISLAND. Los estadounidenses y los extranjeros estaban fascinados por los acontecimientos en Ellis Island, y una oleada constante de visitantes llegaba a la isla para ser testigos de las investigaciones de miles de extranjeros. Entre los visitantes distinguidos se encontraban el Duque de los Abruzzi de Italia, los celebrados escritores Henry James y H.G. Wells, y los presidentes estadounidenses Theodore Roosevelt, William Howard Taft, y Woodrow Wilson.

LAS JAULAS PARA LOS INMIGRANTES. Esta es una vista esplendida del sistema complejo mediante el que controlaban a las multitudes de inmigrantes desde 1900 hasta 1911. Criticado por muchos como insultante e inhumano, el sistema fue eliminado en 1911 y remplazado por filas de bancos de madera.

EL SISTEMA DE LAS FILAS DE BANCOS DE MADERA. Cuando quitaron los bancos en 1911, los remplazados por estas filas de bancos de madera. Muchos se conservaron y actualmente están en exposición en el museo de Ellis Island.

UNA FAMILIA DE INMIGRANTES. Las mujeres y los niños eran retenidos hasta que un hombre de la familia pudiera ir a buscarlos.

LOS EXTRANJEROS ETIQUETADOS. Esta mujer y su hijo vestidos con gruesos abrigos todavía tienen sus etiquetas del manifiesto de carga de los barcos de vapor. Esta fotografía fue sacada por Augustus Sherman.

UNA MUJER Y SUS HIJOS. Esta es una escena típica en las salas de espera y de registro.

UNA MADRE ITALIANA CON SUS HIJOS. Esta fotografía fue sacada en la sala de registros en la primera década del siglo XX.

EN LOS ESCRITORIOS DE LOS INSPECTORES DEL REGISTRO. Los hombres a la izquierda decidían el destino de los inmigrantes. Tuvieron que determinar si a un extranjero se le permitía o prohibía desembarcar. El oficial con bigote y sin sombrero que mira directamente a la cámara es Peter Mikolainis, un intérprete lituano que sabía hablar muchos otros idiomas. El propio Mikolainis (1868–1934) era un inmigrante, que había emigrado a los Estados Unidos en la década de 1890. Fue empleado en Ellis Island desde 1903 hasta 1913 e hizo todo lo posible para ayudar a sus compatriotas.

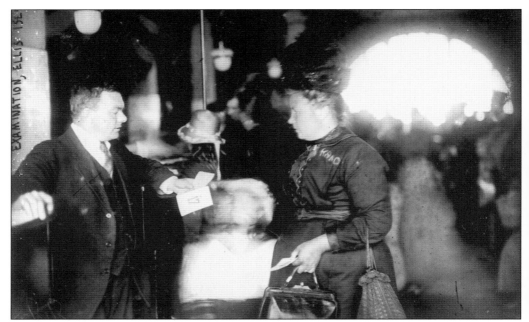

EL INSPECTOR HABLA. Esta mujer tiene en su vestido una serie de marcas en tiza que había recibido durante su reconocimiento médico. Las dos primeras son una "K" para hernia y "B" para espalda (*back*). El inspector que le hace preguntas tiene en sus manos sus documentos del manifiesto de carga. Las mujeres y los niños inmigrantes que viajaban sin un hombre adulto de la familia y que no tenían nadie que les recogiera en Ellis Island normalmente afrontaban la posibilidad de la detención temporal o la exclusión.

UN INTÉRPRETE Y UN EXTRANJERO. Esta fotografía de 1926 muestra a un inspector con el pelo blanco cuidadosamente tomando notas mientras que un intérprete (centro) interroga a un extranjero en otro idioma. Inspectores, matronas, guardas, personal médico, limpiadoras y los propios intérpretes tradujeron treinta y seis idiomas diferentes en Ellis Island.

EN LA SALA DEL EQUIPAJE. Este chico y esta chica están de pie con una de sus posesiones en la sala del equipaje en la primera planta.

LA ESPERA. Dos mujeres árabes agarran sus documentos y se sientan tensas durante una etapa más del procedimiento de inmigración.

UN POLIZÓN FINLANDÉS. Este polizón detenido fue fotografiado en Ellis Island en 1926. Los polizones eran enviados a la división para la investigación especial para ser juzgados. Muchos eran considerados aceptables.

UNA AUDIENCIA DEL COMITÉ DE INVESTIGACIÓN ESPECIAL. Tres inspectores determinaban los casos problemáticos que la división de registros les enviaba, incluyendo los inmigrantes certificados con una enfermedad que podría excluirles, los polizones, los delincuentes y todos los casos complicados. Los comités también dirigían los casos de recurso.

UN CASO DE INVESTIGACIÓN ESPECIAL. La tensión en esta sala es evidente. Trabajar en Ellis Island en un puesto que suponía tomar decisiones solía ser emocionalmente agotador, especialmente dadas las largas jornadas de trabajo y la semana de trabajo que duraba seis días.

UN RECURSO AL COMISARIO. El comisario Robert Watchorn (sujetando los papeles) escucha con atención mientras que un inspector explica el caso de los dos inmigrantes que están de pie en silencio. El encargado principal Augustus F. Sherman está sentado por la derecha.

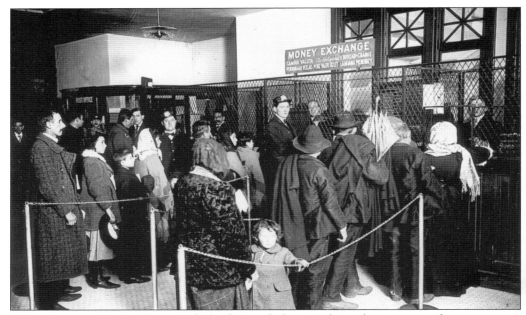

EL CAMBIO DE MONEDA. Después de finalmente haber pasado por la inspección de inmigración, los recién llegados habían desembarcado y eran libres para prepararse para salir de Ellis Island y dirigirse a sus diferentes destinos. Sin embargo, antes de salir, la mayoría cambiaba su dinero extranjero por dólares estadounidenses. El anuncio en inglés del cambio de moneda incluye traducciones al italiano, al alemán, al francés, al sueco, al húngaro y al polaco. La empresa American Express controló el cambio de moneda durante casi 50 años.

LA ESTACIÓN DE FERROCARRIL. En esta zona de la planta baja del edificio principal, los inmigrantes podían comprar billetes de tren de agentes que representaban empresas como el New York Central Railroad, el Union Pacific Railroad y el Rock Island Line.

EL MOSTRADOR DE LA COMIDA. Aquí, los inmigrantes podían comprar la comida en una caja grande por 1 dólar o en una caja pequeña por 50 centavos. Las cajas contenían selecciones variadas de carne asada, jamón, o bocadillos de carne kosher y sardinas, pasteles dulces, tartas, naranjas y manzanas. Bebidas incluían la leche, el té, el café y también sidra dulce.

LIBRES PARA INSTALARSE. Una vez superada la multitud de obstáculos que presentó Ellis Island, los inmigrantes sólo podían especular sobre lo que tenían por delante.

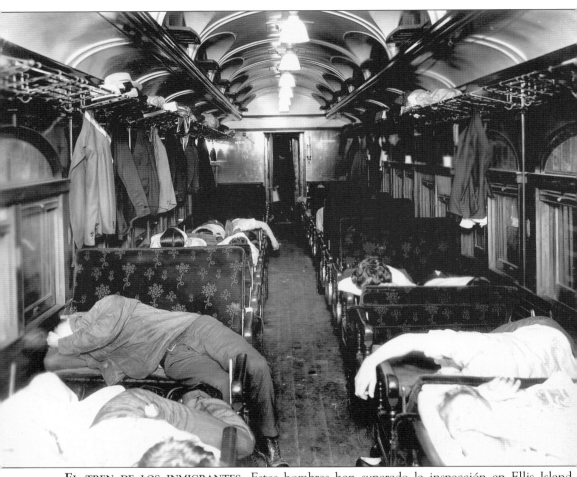

EL TREN DE LOS INMIGRANTES. Estos hombres han superado la inspección en Ellis Island. Agotados, duermen en un vagón de tren. Este es probablemente el tren especial de inmigrantes que salía a las 21 horas desde la terminal de Jersey City.

Tres

UN ALBÚM DE NACIONES

PASAJEROS DEL BARCO *PRETORIA*. Herr and Frau Jakob Mithelstadt, con su hija y siete hijos, se encontraban entre los miles de alemanes que abandonaron sus casas en Rusia para viajar a los Estados Unidos. Esta foto fue sacada en Ellis Island el 9 de mayo de 1905. Su destino era Kuln, en Dakota del Norte. La mayoría de los alemanes de Rusia se convirtieron en hacendados. La fotografía fue sacada por Augustus Sherman.

UNA MUJER DE LOS PAÍSES BAJOS. En esta fotografía sacada por Augustus Sherman, una inmigrante holandesa lleva el traje popular típico de su Zelanda nativa.

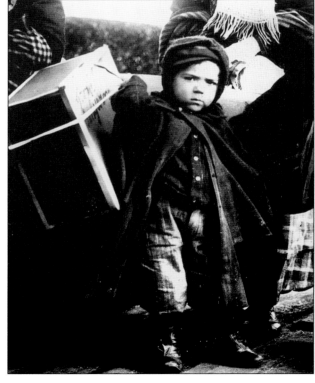

UN *BAMBINO* LLEGA. Este robusto niño italiano que lleva una capa encapuchada transportaba su propio equipaje un día que seguramente hacía frío en Ellis Island. Probablemente viajó con su madre u otra mujer de entre sus familiares. Las mujeres italianas con niños solían llegar a los Estados Unidos para reunirse con sus maridos en el vibrante mundo de las muchas Pequeñas Italias de los Estados Unidos.

UNA MUJER HÚNGARA Y SU NIÑO.
Esta mujer joven es uno de los 350.000
húngaros que entraron en los Estados
Unidos a través de Ellis Island. Fueron
fotografiados el 17 de enero de 1925.

UN CUARTETO DE PORTUGAL Y ESPAÑA.
En la parte superior aparecen un chico y una
chica portugueses y en la inferior dos chicos
españoles en Ellis Island. Las fotografías datan de
alrededor de 1905. Aproximadamente 120.000
inmigrantes portugueses y 70.000 inmigrantes
españoles pasaron por Ellis Island. Muchos de los
portugueses procedían de las islas de Madeira y
Cabo Verde, así como de la zona peninsular de
Portugal. Inmigrantes españoles famosos incluyen
a la estrella del cine mudo Antonio Moreno y el
músico catalán Xavier Cugat.

TRES ESCOCESES VISTIENDO KILTS.
Estos tres niños, vestidos con sus trajes nacional, llegaron a Ellis Island el día del Armisticio en 1920 como pasajeros del barco *Columbia*. Augustus Sherman sacó esta fotografía. Los inmigrantes escoseses famosos incluyen al actor legendario Donald Crisp, los líderes de sindicatos Philip Murray y Douglas Fraser, el periodista James Reston y la cantante de jazz Annie Ross.

LOS NIÑOS NEERLANDESES.
Los neerlandeses eran el grupo preferido del fotógrafo Augustus Sherman, quien los encontraba bastante fotogénicos.

UNA ABUELA CHECA. Los familiares probablemente pidieron que esta mujer viajara para encontrarse con ellos en los Estados Unidos. Más de 100.000 personas checas, entonces llamados bohemios o moravos, fueron registradas en Ellis Island.

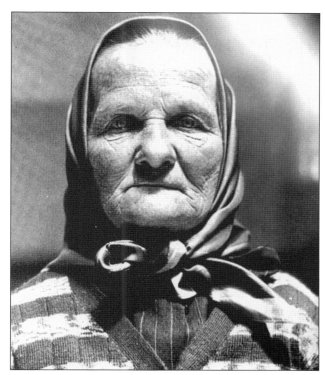

UN DANÉS RICO EN BUSCA DE PLACER. Así es cómo llamó Augustus Sherman a esta fotografía de Peter Meyer, quien llegó alrededor de 1910. Unos 90.000 daneses inmigraron a través de Ellis Island. La mayoría se instaló en estados del centro oeste como Iowa, Nebraska y Minnesota.

UNA FAMILIA DE JUDÍOS INGLESES. Esta familia tan bien vestida fue fotografiada por Augustus Sherman. Los judíos ingleses importantes que pasaron por Ellis Island incluyen al alcalde de la ciudad de Nueva York Abraham Beame y al cómico vodevil Henny Youngman.

UN JOVEN HINDÚ. Este inmigrante fue uno de los aproximadamente mil inmigrantes indios que pasaron por Ellis Island. Había navegado desde Inglaterra en 1911 a bordo un barco de la empresa White Star Line.

LOS YUGOSLAVOS EN ELLIS ISLAND.
Estos yugoslavos llegaron en junio de
1924. Mientras que estaban retenidos,
Ludmila K. Foxlee, una trabajadora social
prominente de la Asociación Cristiana de
Jóvenes, los ayudó.

UNA MULTITUD DE GUADALUPE. Estas 24 mujeres se encontraban de camino a Montreal
para trabajar como sirvientas. Eran pasajeros del barco de vapor *Korona*, que llegó al puerto de
Nueva York el 6 de abril de 1911. En la esquina superior derecha de esta fotografía de Augustus
Sherman está de pie un hombre no identificado.

EL GAITERO ITALIANO. A los 37 años, Antonio Piestineola acababa de desembarcar del barco *San Giovanni* cuando accedió a que Augustus Sherman le sacara una fotografía, el 17 de mayo de 1908. Está tocando con un tipo muy curioso de gaita.

UNA MUJER DE GRECIA. Esta mujer griega es completamente dueña de sí misma y no tendría ningún problema para dar órdenes a los demás. Su fantástica ropa tiene una cierta semejanza con la de los países vecinos de Albania y Montenegro. Fue fotografiada por Augustus Sherman.

DOS PERSONAS DE HOLANDA MERIDIONAL.
Seguramente ninguna pareja podría ser
más típica de los países bajos que estos
hermanos tan pequeños. Inmigrantes de
los Países Bajos ya llevaban inmigrado a
los Estados Unidos desde hacía más de tres
siglos, cuando llegaron estos jóvenes a Ellis
Island en la primera década del siglo veinte.
Unos 65.000 nederlandeses pasaron por
Ellis Island. Esta fotografía fue sacada por
Augustus Sherman.

**AFRICANOS DEL ESTE EN EL JARDÍN
DEL TEJADO EN ELLIS ISLAND.**
Habrían sido nativos de Abyssinia
o de Somalia, estos tres inmigrantes
eran parte de un gran grupo,
posiblemente una familia extensa.
Augustus Sherman sacó esta
fotografía alrededor de 1909.

UN CABALLERO DE LOS BALCANES. Este inmigrante, posiblemente procedente de Albania o Montenegro, más tarde encontró trabajo con un pico y una pala en un sitio de trabajo horrible estadounidense llamado Guinea Hill. Esta fotografía fue sacada alrededor de 1908.

EL MINERO BÁVARO. Wilhelm Schleich vino de un pueblo pequeño en Baviera, Alemania. Mientras que Schleich estaba vestido con su traje popular típico, que contiene una fotografía pequeña del rey Ludwig II, Augustus Sherman sacó esta fotografía en 1906.

GITANOS EN ELLIS ISLAND. Esta familia de gitanos emigró del Reino de Serbia y fue fotografiada por Augustus Sherman en el jardín del tejado. A pesar del hecho de que pasaran varios miles de gitanos por Ellis Island, algunos fueron detenidos por ser considerados "mendigos profesionales" y "vagabundos". En 1911 muchos gitanos fueron acusados de estos delitos y deportados de vuelta a Argentina.

UN HOMBRE JOVEN DE ARGELIA. Este inmigrante árabe fue uno de muchos que pasaron por Ellis Island. El mayor número de árabes que llegaron durante este período procedía de Siria, Líbano, Egipto, Iraq, Argelia y Marruecos.

UNA BELLEZA RUTENIA. Parte del flujo constante de migración de los campesinos del este de Europa, esta mujer también fue fotografiada por Augustus Sherman. La gente de Rutenia eran principalmente granjeros y pastores.

LOS COSACOS RUSOS. La fotografía de este grupo fue sacada por Sherman en el jardín del tejado en 1907.

CUATRO HERMANOS SARDOS, 1924.
Como muchos otros inmigrantes mediterráneos, los hermanos Soro—Giomaria, Salvatore, Antonio y Raffaele—viajaron a los Estados Unidos para ganar dinero. El éxito les permitió volver a Cerdeña y comprar tierras. Hasta 1860, Cerdeña había sido un reino independiente, y todavía tiene una fuerte identidad gracias a su idioma nacional, el sardo, que es un idioma diferenciado del italiano y el francés.

UN INMIGRANTE CHINO. La división para China existió en Ellis Island desde 1903 hasta 1954. La mayoría del trabajo de sus inspectores americanos e intérpretes consistía en aplicar el Acto de la Exclusión China. A pesar de esta ley discriminatoria, ciertas fisuras permitieron que algunas personas fueran admitidas. Augustus Sherman también sacó esta fotografía.

UN REFUGIADO ARMENIO, 30 DE SEPTIEMBRE DE 1920. Miles de refugiados armenios huyeron de persecuciones en el oeste de Asia entre 1890 y la década de 1920. Absorta y atenta, esta mujer armenia parece simbolizar el destino de su nación. Los armenios conocidos que pasaron por Ellis Island incluyen al pintor abstracto Arshile Gorky (Manouk Adoian) y el restaurador George Mardikian.

WLADEK ZBYSZKO. Esta fotografía de Augustus Sherman del campeón mundial de lucha libre (pesó unos 113 kilogramas) fue sacada en Ellis Island y datada el 24 de mayo de 1918. Desde 1917 hasta 1918, Zbyszko fue el campeón mundial de pesos pesados y siguió siendo un duro competidor durante la década de 1920. Los hermanos polacos Wladek (1891–1968) y Stanislaus Zbyszko (1878–1967) estaban entre los luchadores europeos más prominentes del siglo veinte. Su apellido real era Cyganiewicz. En años posteriores, fueron los dueños de una granja porcina en Missouri.

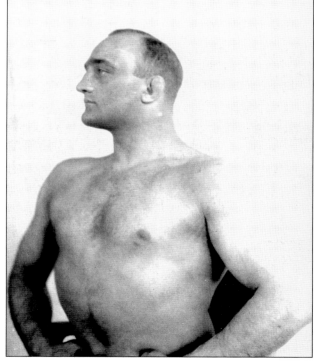

Cuatro

La vida en Ellis Island y en los Estados Unidos

Los Estados Unidos a la vista. Esta escena tuvo lugar en el tejado del edificio del equipaje y de los dormitorios, el edificio de detención más grande de la estación.

UNA MULTITUD DE DETENIDOS. Los días aburridos, largos y difíciles en Ellis Island fueron una gran prueba para los inmigrantes. Los misioneros y los trabajadores humanitarios que ayudaban a los inmigrantes hicieron que estos días fueran un poco más fáciles. Ludmila K. Foxlee de la Asociación Cristiana de Mujeres Jóvenes (YWCA) organizó este evento.

RECIBIENDO A ALGUNOS EXTRANJEROS. Era típico que los hombres inmigrantes fueran a recoger a sus familiares una vez desembarcados. Augustus Sherman sacó esta fotografía.

ALGO DE PAN Y DE SOPA PARA LA COMIDA. En este dibujo, se está dando sopa y pan a los detenidos en el jardín del tejado. En esta zona, los inmigrantes esperaban una decisión sobre sus casos o la llegada de sus familiares. También podían hacer algo de ejercicio o echar un vistazo a Manhattan y Jersey City a través de la valla.

LA HORA DE LA COMIDA EN EL COMEDOR DE LOS INMIGRANTES. Las mujeres y los niños disfrutan de una comida en Ellis Island durante la primera década del siglo XX.

TRABAJADORES HUMANITARIOS E INMIGRANTES JUDÍOS JUNTOS A BORDO DEL BARCO *ELLIS ISLAND*. En 1905, la filial de Nueva York del Consejo Nacional de Mujeres Judías comenzó a ayudar a los inmigrantes en Ellis Island. Sadie American (1862–1944), quien envió a trabajadores humanitarios a ayudar a chicas y mujeres en la isla, dirigió este proyecto. En 1906, el consejo abrió una oficina en Ellis Island. La Asociación para la Ayuda a los Inmigrantes Hebreos también tenía un papel importante en la estación.

CECILIA GREENSTONE, "EL ÁNGEL DE ELLIS ISLAND". Nacida en Rusia, Cecilia Greenstone (1887–1971) inmigró a través de Ellis Island en 1905 y poco después Sadie American le pidió que se incorporara al Consejo Nacional de Mujeres Judías. Greenstone fue el agente preeminente del consejo en Ellis Island desde 1906 hasta 1919. En 1914, llevó a cabo una delicada misión en Europa para la Asociación para la Ayuda a los Inmigrantes Hebreos que terminó de manera curiosa. Esta fotografía fue sacada en 1918.

UNA MADRE ITALIANA CON GEMELOS.
Una de las dificultades de emigrar era
cuidar a los hijos, especialmente a los
muy pequeños. Afortunadamente, esta
madre parece completamente capaz de
cuidar a los suyos.

LOS MISIONEROS CRISTIANOS CERCA DEL EDIFICIO PRINCIPAL. Los misioneros normalmente
se ocupaban de sus correligionarios. Aquí vemos a Herr Aretz de St. Raphaelsverein (católicos
alemanes), al Signor Carballo de la Asociación de Bienestar Italiana, a Herr Kraut, y al
reverendo George Doering, un luterano.

LA VOZ CATÓLICA ITALIANA DE ELLIS ISLAND. El padre Gaspare Moretto (1880–1924), un misionero calabrés en Ellis Island y capellán de la Casa de San Rafael para los Inmigrantes Italianos, pronunció estas tristes palabras en un discurso navideño en 1910, dirigido a los italianos excluidos: "He hablado en Ellis Island antes, pero nunca me he sentido tan mal. Hay demasiados detenidos. Para ustedes, la puerta está cerrada . . . sus esperanzas en la tierra de la libertad arruinadas."

LA NAVIDAD PARA LOS EXTRANJEROS DETENIDOS. Había servicios religiosos que ofrecían consuelo, un gran árbol de Navidad, celebraciones y regalos para los detenidos cristianos. Durante esta navidad de 1905, los inmigrantes recibieron fruta, caramelos y otros regalos. De pie, al lado del comisario Watchorn (a la derecha) está un misionero de la Sociedad Bíblica de Nueva York con su puñado habitual de folletos.

LA VISITA DE LA SEÑORA ERNESTINE SCHUMAN-HEINK. La gran soprano austriaca dio un magnífico concierto en Ellis Island durante su visita a Nueva York en 1909. Aquí aparece con miembros de su personal. Los artistas que posteriormente actuaron aquí incluyeron al tenor Enrico Caruso, el cantante melódico Rudy Vallee, los cómicos Jimmy Durante y Bob Hope y el director de orquesta Lionel Hampton.

PEl PRESIDENTE CIPRIANO CASTRO EN LA CUMBRE DE SU PODER. Uno de los detenidos más polémicos en la historia de Ellis Island fue Cipriano Castro (1858–1924), antiguo presidente de Venezuela (1899–1908). En diciembre de 1912, Castro navegó a Nueva York, y desde allí fue llevado bruscamente a Ellis Island. La razón fue una historia anterior de malas relaciones entre él y el presidente de los Estados Unidos Theodore Roosevelt. Castro fue finalmente liberado el 7 de febrero de 1913. Murió en Puerto Rico.

AUGUSTUS F. SHERMAN, FOTÓGRAFO Y BURÓCRATA. Una de las personas más importantes en Ellis Island desde aproximadamente 1900 hasta 1925 fue el dependiente principal durante muchos años Augustus Frederick Sherman (1865–1925). Recordado por el personal de Ellis Island por su meticulosidad, Sherman también fue un fotógrafo fantástico cuyas fotos parecen dar vida al pasado. Nacido en Pennsylvania, Sherman se instaló en Nueva York en 1889. Cuando murió, era el secretario confidencial del comisario Curran.

SOLDADOS DE INFANTERÍA DE LA PRIMERA GUERRA MUNDIAL. Estos soldados se están divirtiendo en el edificio de la Cruz Roja Americana alrededor de 1920. La Casa de la Cruz Roja, como era conocida, fue construida en 1915 y demolida en 1936. Durante la Primera Guerra Mundial, miles de soldados heridos y enfermos recibieron tratamiento en el hospital de Ellis Island, y su estancia fue mejor gracias a los programas financiados por la Cruz Roja.

CONDICIONES ESCANDALOSAS. Después de que terminara la Primera Guerra Mundial, mucha gente tenía prisa de emigrar a los Estados Unidos. Esta fotografía muestra lo mal preparada que estaba la estación para soportar esta afluencia bajo el mando del comisario Frederick Wallis en 1921.

LUDMILA KUCHAR FOXLEE, TRABAJADORA EN EL PUERTO. Una trabajadora social energética, Ludmila Foxlee (1885–1971) era nativa de Bohemia que había emigrado a los Estados Unidos con su familia en la década de 1890. Gracias a su talento lingüístico—era capaz de hablar varios idiomas, además de su lengua materna, el checo—obtuvo el puesto de trabajadora del puerto de la YWCA en Ellis Island en 1920 y siguió trabajando allí hasta 1937. Le apasionaban la ropa popular y la igualdad.

AUSTRIACOS EN LA VÍA FERROVIARIA. Ludmila Foxlee de la YWCA ayudó a esta familia de inmigrantes. Tres miembros de la familia tienen etiquetas de la Ferrovía Baltimore y Ohio en su ropa para indicar que estaban esperando el ferri para Jersey City, donde continuarían con su viaje. Están de pie delante del primer invernadero de Ellis Island.

UN GRUPO DE TRES DEL SUR DE EUROPA. Estos hermanos apenas pueden quedarse quietos, pero el creativo Augustus Sherman logró capturar algo de su encanto elusivo en este retrato.

SIETE RUSOS. En julio de 1923, estos rusos llegaron a Ellis Island y recibieron ayuda para solucionar sus problemas por parte de la trabajadora del puerto de la YWCA, Ludmila Foxlee.

EL JUEGO DE LA ESPERA. Este grupo diverso que se está relajando en la hierba nos da un indicio de lo que les esperaba a los inmigrantes una vez llegaban a Ellis Island durante este periodo, aburrimiento infinito.

¡APÁGALO COMPLETAMENTE, MIENTRAS QUE LO RESOLVEMOS! Este dibujo hace referencia al Acto de Johnson-Reed de 1924, que redujo severamente la libre circulación de inmigrantes a los Estados Unidos, por la imposición de límites anuales estrictos para la mayoría de los países de origen.

UNA HUÉRFANA EN LA ARENA. Como muchos armenios, Tourvanda Ahigian se escapó de las matanzas de su país entre 1915 y 1920. Tras varios años en un orfanato en Egipto, emigró a los Estados Unidos y estuvo detenida en Ellis Island durante dos meses en 1928. Finalmente, tras instalarse en Michigan, se casó y se hizo conocida como Victoria Haroutunian. En los años 1990, volvió a Ellis Island con su hija Virginia Haroutunian y compartió recuerdos escondidos durante muchos años de horror y de guerra.

EXTRANJEROS ESPERANDO. Hay tensión mientras estos inmigrantes están sentados en una de las muchas salas de espera en Ellis Island, en la década de 1930. Estar en Ellis Island en aquellos años significaba estar en un estado permanente de incertidumbre, ya que la tasa de deportaciones era alta. Inmigrantes destacados que inmigraron a los Estados Unidos en aquel período de transición fueron la novelista Ayn Rand (1926), el cantante yiddish Sidor Belarsky (1930) y los cantantes de la familia Trapp (1938).

EL PASILLO DE AYUDA AL INMIGRANTE. Esta fotografía muestra la ubicación de sociedades de ayuda al inmigrante en el edificio principal el 21 de abril de 1933. Cerca de la mujer a la izquierda está la placa de identificación de la sociedad misionera de la ciudad. En diciembre de 1932, sólo unos meses antes de que se sacara esta fotografía, Eleanor Roosevelt, la mujer del gobernador de Nueva York, Franklin D. Roosevelt, visitó la estación.

EL COMISARIO EDWARD CORSI. En 1931, el presidente Hoover nombró a este inmigrante italiano como el director de Ellis Island. Corsi, quien había inmigrado a través la estación en 1907, tenía sentimientos fuertes sobre su servicio en Ellis Island y las condiciones que encontró allí. Después de terminar de trabajar en Ellis Island en 1934, escribió un libro sobre ellos. Un trabajador social prominente, Edward Corsi (1896–1965) posteriormente trabajó para la administración del presidente Dwight D. Eisenhower. En 1965, Corsi respaldó la selección de Ellis Island como un monumento nacional.

ADIÓS A LOS ESTADOS UNIDOS, POR EL MOMENTO. Estos deportados italianos parecen haber aceptado de buena manera el rechazo recibido en Ellis Island. Los agentes de los equipos de deportación acompañaban a los deportados hasta sus barcos y se quedaban en el embarcadero mirando hasta que el barco hubiera zarpado.

UN POCO DE REALIDAD. Este cartel de los años 1930 de la división de deportación es uno de los numerosos artefactos descubiertos en Ellis Island mucho tiempo después de que fuera abandonada. El cartel es de madera, y sus letras pintadas en dorado tienen el borde negro.

LA VIDA EN UNA CASA DEL VECINDARIO DE NUEVA YORK. Los inmigrantes tenían dificultades para ganar suficiente dinero para vivir. Este dibujo demuestra la manera en la que los niños eran ilegalmente empleados como decapantes de tabaco en la casa del vecindario en el barrio del Lado Este de Manhattan.

La calle Mulberry en la Pequeña Italia. Esta escena clásica de la comunidad italiana más grande en los Estados Unidos muestra los carros de caballos, los vendedores de legumbres y fruta con sus productos, la multitud, las tiendas y las casas del vecindario.

UNA FAMILIA ITALIANA DE INMIGRANTES A LA HORA DE COMER. Los inmigrantes, especialmente los italianos, aportaron al Nuevo Mundo una rica tradición culinaria que anteriormente sólo había estado disponible en comunidades étnicas. Hoy en día, la comida de origen inmigrante se puede consumir en cualquier parte de los Estados Unidos.

EL IMPACTO DE LA INMIGRACIÓN EN LA CULTURA POPULAR AMERICANA. Claire Rochester, la famosa artista vodevil, grabó esta canción alrededor de 1920. Otros artistas de vodevil que cantaban canciones cómicas o románticas sobre los inmigrantes incluyeron a Nora Bayes, "Has Anybody Here Seen Kelly?"; Jack Noworth, "Rosa Rosetta" y Elsie Janis, "When Angelo Plays His Cello". Las nacionalidades más comunes en estas grabaciones étnicas y en el vodevil en general eran los irlandeses, los alemanes, los judíos, los chinos y los italianos.

UN CHICO LIMPIABOTAS. Ciudades como Nueva York, Boston, Philadelphia, Chicago y San Francisco estaban llenas de niños inmigrantes ofreciendo este tipo de servicio. Otros niños vendían cordones, cerillas, periódicos o abalorios.

EL TRABAJO EN UNA FÁBRICA. La Revolución Industrial dio trabajo monótono pero bastante constante a cientos de miles de inmigrantes durante los siglos XIX y XX. Sin embargo, las jornadas eran largas y el sueldo extremadamente bajo.

LA CIUDADANÍA PARA SOLDADOS. El servicio militar durante períodos de guerra siempre era tentador, ya que la recompensa era la nacionalidad casi instantánea. Estos inmigrantes reclutas durante la Primera Guerra Mundial, hacen el juramento de lealtad a los Estados Unidos durante la ceremonia de celebración de su nacionalización en 1918. La Guerra de Secesión y la Segunda Guerra Mundial también atrajeron a numerosos inmigrantes.

NUEVOS ESTADOUNIDENSES. Las nacionalizaciones se mantuvieron tambien durante los períodos de paz. Aquí, hombres extranjeros se convierten en ciudadanos estadounidenses. En muchos casos, las mujeres tardaban más en solicitar la ciudadanía estadounidense.

NIÑOS INMIGRANTES JUGANDO. Esta fotografía de finales de la década de 1920 muestra la vida típica de niños inmigrantes en una vecindad de viviendas en la ciudad de Nueva York.

LOS PESCADORES PORTUGUESES. Algunos inmigrantes continuaron con sus mismos empleos después de emigrar a los Estados Unidos. Estos pescadores portugueses siguieron con su estilo de vida en su nueva casa en Cape Cod, Massachusetts, mientras que otras personas hicieron lo mismo en New Bedford, Massachusetts, igual que en sitios más lejanos como Newark, Nueva Jersey, y San Diego, California.

Cinco

LOS ULTIMOS AÑOS

EL MURAL DE EDWARD LANING EN ELLIS ISLAND. En esta imagen se puede ver una parte del mural gigante pintado en Ellis Island por el conocido artista Edward Laning (1906–1981) entre los años 1936 y 1938. El mural, que fue patrocinado por la Work Projects Administration (WPA), celebra el papel de los inmigrantes en la construcción de los Estados Unidos. Lo quitaron de la isla en 1964 y lo reinstalaron en un juzgado federal en Brooklyn.

ELLIS ISLAND. Esta película de serie B era una aventura emocionante sobre dos inspectores de la brigada de deportación que se encuentran atrapados en una red interesante de mafiosos, deportados y un millón de dólares desaparecidos. La película estaba protagonizada por Donald Cook, Johnny Arthur, Peggy Shannon, Jack LaRue y Joyce Compton. Dos años después, se estrenó otra película sobre Ellis Island, llamada *Gateway*, con un reparto que incluía a Don Ameche, Arleen Whelan y Binnie Barnes.

ENTRE LAS ISLAS DOS Y TRES. Aquí, tenemos una vista del solárium y detrás, el edificio de entretenimiento. Inmigrantes que estaban recuperándose de enfermedades podían aprovechar el aire fresco aquí. Se encuentra entre los edificios generales del hospital para inmigrantes (a la derecha) y las salas de las enfermedades contagiosas (a la izquierda). Ninguno de ellos es visible en esta imagen.

EL AULA DEL COLEGIO EN ELLIS ISLAND. Las detenciones largas para familias hicieron que la vida fuera aburrida para los niños hasta que se construyó el aula del colegio de Ellis Island. Esta fotografía de alrededor de 1937 muestra a los niños mientras que leen y juegan; algunos están mirando a la cámara.

UN BURÓCRATA PARA CADA TEMPORADA. Byron H. Uhl (1873–1944), quizás el empleado con más años de servicio en Ellis Island, empezó como taquígrafo en 1892 y llegó a ser el director regional (comisario) en 1940. Algunos de sus casos más famosos incluyen la exitosa deportación de la anarquista Emma Goldman (1919), los intentos fallidos de excluir al antiguo dictador venezolano Cipriano Castro, la sufragista Emmeline Pankhurst (1913), y Vera, la condesa de Cathcart, de la nobleza inglesa (1926).

Uhl Will Mark Half-Century On Ellis Island

To Mark 50 Years' Service

Immigration Official, 68, Yearns for Country Cottage With Broad Green Vistas

Bryon H. Uhl, district director of the Immigration and Naturalization Service, who on Thursday will celebrate his fiftieth anniversary on Ellis Island, looked out of the window of his water-bound office yesterday and admitted to a longing to settle down for the rest of his years in a little land-locked house in the country.

Just how soon he will retire he wouldn't say, but he ventured that it will be sooner than a lot of people think."

Mr. Uhl has no particular aversion to large expanses of water, but he thinks that after fifty years of working on an island, green vistas might offer a welcome change."

A. F. Sozio

Byron H. Uhl

EXTRANJEROS ENEMIGOS. En la década de 1940, la sala de registros fue renombrada como la Sala de los Pasajeros y usada como una sala diaria para las familias de los extranjeros alemanes enemigos. Entre diciembre de 1941 hasta 1947, miles de alemanes, italianos y japoneses fueron arrestados como sospechosos por el FBI y llevados a Ellis Island. Había cientos más de alemanes procedentes de Latinoamérica. El cantante italiano de opera Ezio Pinza fue detenido durante unas semanas en 1942 ya que las autoridades sospechaban que era un espía fascista.

LOS REFUGIADOS ALEMANES EN EUROPA, 1945. Las condiciones en Europa eran desesperadas para millones de personas a finales de la Segunda Guerra Mundial. Los refugiados y personas desplazadas emigraron a Europa continental después de la caída del Tercer Reich. En años posteriores, muchos emigraron a los Estados Unidos a bordo de los barcos de transporte del ejército estadounidense y pasaron a través de Ellis Island.

LOS EVACUADOS BRITÁNICOS SALUDAN A LA DIOSA DE LA LIBERTAD. Durante la Segunda Guerra Mundial, miles de alumnos británicos fueron evacuados de su país de origen y llevados a sitios seguros en Canadá y los Estados Unidos. Estos niños ingleses que entran en el puerto de Nueva York en 1942 saludan a la Estatua de la Libertad mientras que su barco entra en el puerto.

LA GUARDIA COSTERA ABRE EN ELLIS ISLAND. El guardacostas Ralph Hornberger (a la derecha) aparece en esta imagen junto con su amigo el joven Sr. Mathieu (a la izquierda) en la apertura del intercambio del último. La imagen muestra la caja a la derecha y varios productos, incluyendo caramelos, chicles y cigarrillos, a la izquierda. La Guardia Costera entrenó y dio refugio a más de 60.000 hombres desde 1939 hasta 1946 y desde 1951 hasta 1954.

DINERO PARA EL MUSEO ESTADOUNIDENSE DE INMIGRACIÓN. La recaudación de fondos para el Museo Estadounidense de la Inmigración empezó en 1952. Aquí, el historiador del servicio del parque Thomas M. Pitkin (1901–1988) acepta un cheque para el museo de parte de un colegio de Carolina del Norte en el 28 de octubre de 1956. El museo fue construido en la Isla de la Libertad y fue inaugurado por el presidente Nixon en 1972. Sin embargo, la restauración de Ellis Island dio lugar al cierre del museo en 1991.

ELLIS ISLAND ALREDEDOR DE 1957. En primer plano están las vías ferroviarias de Ellis Island y de Jersey City. Más lejos está la Isla de Bedloe y la Estatua de la Libertad. Aún más lejos están los barrios de Staten Island (a la derecha) y Brooklyn (a la izquierda).

Seis

Un vístazo al salón de la fama

Edward G. Robinson. Uno de los mejores actores de Hollywood, Edward G. Robinson (1893–1973) nació en Rumanía. Su nombre de nacimiento era Emmanuel Goldenberg. Como muchos inmigrantes europeos, pensó que entraba el *Kessel garten* (Castle Garden). Más tarde, cuando supo que realmente estaba en Ellis Island, dijo: "En Ellis Island, yo renací; la vida empezó para mí cuando tenía diez años."

The STREET SINGER's (Arthur Tracy)

COLLECTION of FAVORITE RADIO SONGS

with Photographs of the STREET SINGER in his most famous Character Rôles

PRICE

ARTHUR TRACY. Del escenario vodevil de los años 1920 emergió Arthur Tracy (1899–1997), "el cantante callejero", cuya voz inolvidable y bella le ganó elogios internacionales en el teatro, cine y radio. Nacido en un *shtetl* en Kemenets-Podolsk (Rusia), como Abba Trasskavutsky, llegó con su familia a Ellis Island en 1906. Se instalaron en Philadelphia y cambiaron su apellido a Tracy. Arthur representó en el Teatro de Arte Yiddish en 1917, pero poco después cambió al vodevil. Su contribución más grande fue al radio, donde podía llegar a millones de oyentes. Tracy siempre cantó con elegancia y sentimiento. Su potencia vocal se hacía evidente en baladas como "East of the Sun", "Pennies from Heaven", "Trees", "September in the Rain", "The Way You Look Tonight", "(In My) Solitude", "Red Sails in the Sunset", "The Whistling Waltz", and "When I Grow Old to Dream". Su tema musical, "Marta", que cantaba mientras tocaba el acordeón, se hizo inmediatamente conocida por millones de personas en la edad de oro de la radio. Sus películas incluyen *The Street Singer, Command Performance* y *Follow Your Star*.

KNUTE ROCKNE. Un icono del fútbol americano, Knute Rockne (1888–1931) nació en Voss, Noruega. El pequeño Knut Rockne y su madre pasaron por Ellis Island en 1893 y se reunieron con su padre, Lars, en Chicago. Knute asistió a la Universidad de Notre Dame y fue entrenador de su equipo de fútbol americano durante el resto de su vida. Su fama está basada en la perfección de su pase adelantado y los triunfos de los Fighting Irish.

WARNER OLAND. El único e inigualable Charlie Chan de las películas, Warner Oland (1880–1938) salió de Suecia en 1894 como Jonah Werner Ohlund y se instaló en Connecticut. Tras varios años como actor en el teatro, llegó a ser exitoso en la pantalla del cine mudo, lo que llevó al estrellato en el cine. Sus películas más conocidas incluyen *Chinatown Nights, The Mysterious Fu Manchu, Charlie Chan Carries On, The Painted Veil* y *Charlie Chan in Egypt*. Murió en Suecia.

FATHER FLANAGAN. Edward Joseph Flanagan (1886–1948) salió de su Irlanda natal en 1904 para estudiar para ser sacerdote. Navegó a los Estados Unidos a bordo del *Celtic*. Aunque no tuvo problemas para pasar por Ellis Island, tardó en ser aceptado en un seminario. Como sacerdote en Omaha, Nebraska, fundó Boys Town en 1917, y sus esfuerzos como reformador le ganaron elogios. Murió en Berlín, Alemania.

PAULINE NEWMAN. Una oficial importante del sindicato International Ladies Garment Workers Union durante más de 60 años, Pauline Newman nació en Lituania y fue admitida en Ellis Island en 1901. Tras trabajar varios años en la fábrica Triangle Shirtwaist, se hizo organizadora sindical. También defendió el derecho a voto de las mujeres. Murió en 1986.

FRANK CAPRA (A LA IZQUIERDA). Hollywood no habría sido lo mismo sin las películas fenomenales del director Frank Capra (1897–1991), nacido en Sicilia, Italia. Su familia llegó a Ellis Island en 1903 y después cogieron un tren hacia Los Ángeles. Las películas clásicas de Capra incluyen *Sucedió una noche* (protagonizada por Clark Gable y Claudette Colbert), *Vive como quieras, El secreto de vivir,* y *¡Qué bello es vivir!*.

CLAUDETTE COLBERT. Nacida en Paris, Francia, la joven Lily Claudette Chauchoin llegó a los Estados Unidos con su madre en 1906. Como mujeres no acompañadas, fueron detenidas en Ellis Island hasta que el padre de Claudette fue a buscarlas. Claudette Colbert (1903–1996) llegó a ser una de las atracciones más taquilleras de Hollywood. Sus películas más grandes incluyen *Cleopatra, Imitación de la vida, Una mujer caprichosa, A la sombra de los muelles, Tovarich, Corazones indomables,* y *Desde que te fuiste.*

JOHNNY WEISSMULLER. El ganador de las medallas de oro en los años 1920, Johnny Weissmuller (1904–1984) nació en Freidorf, Austria-Hungría, como Peter Jonas Weissmuller. Su familia llegó a Ellis Island en 1906 y se instaló en Chicago. A partir de 1932, el campeón de natación llegó a ser el más grande Tarzán de todos los tiempos y actuó en 12 películas de Tarzán, incluyendo *Tarzán de los monos*, *El tesoro de Tarzán* y *El triunfo de Tarzán*. Desde 1933 hasta 1938, Weissmuller tuvo un matrimonio tempestuoso con la actriz mejicana Lupe Vélez.

BOB HOPE. El cómico legendario nació como Leslie Hope en Eltham, Inglaterra, en 1903 e inmigró a través de Ellis Island con su familia en 1908. Se instalaron en Ohio. Hope entró en el vodevil en los años 1920 y se hizo famoso en Broadway en 1933. Después de eso, llegó a ser uno de las más grandes estrellas de Hollywood y fue un maestro del cine, de la radio y de la televisión. Durante décadas, divirtió a las tropas estadounidenses en el extranjero.

ERICH VON STROHEIM. Erich Oswald Stroheim (1885–1957) salió de Austria como un plebeyo en 1909; fue después de salir de Ellis Island cuando añadió el *von* aristocrático a su nombre. Fue conocido como "este es el hombre al que le gustaría odiar"; su fama está basada en las películas muy decadentes que hizo en los años 1920 y sus excéntricas actuaciones en la pantalla. Sus películas incluyen *La ganzúa del diablo, Esposas frívolas, Avaricia, La gran ilusión* y *El crepúsculo de los dioses*. Murió en Francia.

XAVIER CUGAT (A LA DERECHA). El futuro rey de la rumba navegó desde La Habana hasta Ellis Island con su tío en 1915. Cugat (1900–1990) nació en Barcelona, España, pero lo llevaron a Cuba cuando era muy pequeño. Durante unos años, su orquesta actuó en directo desde el Hotel Waldorf canciones muy populares como "My Shawl", "El Sombrero de Gaspar" y "Silencio". Su primera mujer, la cantante mejicana Carmen Castillo, también inmigró a través de Ellis Island.

IGOR SIKORSKY. El hombre que construyó el primer helicóptero (1939), Igor Sikorsky (1889–1971) ya era un ingeniero destacado cuando se vio forzado abandonar Rusia tras la caída del zar. Sikorsky llegó siendo pobre a Ellis Island en 1919. En Connecticut, fundó la compañía Sikorsky Aircraft Corporation y siguió con su trabajo pionero en la aviación. Su helicóptero, el VS-300, le ganó elogios a nivel mundial.

MISCHA AUER (A LA IZQUIERDA). Uno de los actores más chiflados de la edad de oro de Hollywood, Mischa Ounskowsky se escapó de Rusia en 1920, uniéndose a otros refugiados en Nueva York. Su éxito en el teatro rápidamente le llevó a una carrera en el cine, en el que deslumbró a la audiencia con películas como *Al servicio de las damas*, *Vive como quieras*, *Arizona* y *Mi novio está loco*. Mischa Auer (1905–1967) finalmente volvió a Europa.

BELA LUGOSI. La leyenda de la pantalla Bela Lugosi (1882–1956) se escapó de Hungría por razones políticas. En 1920, entró en los Estados Unidos ilegalmente saltando de un barco en New Orleans. En Nueva York, finalmente se rindió ante las autoridades de inmigración en Ellis Island y fue admitido por el inspector John Richardson el 23 de marzo de 1921. Por razones políticas reclamó ser rumano. Algunos de sus más grandes películas son *Drácula, La legión de los hombres sin alma* y *El cuervo*.

RONALD COLMAN. Tras el final de la Primera Guerra Mundial, Ronald Colman (1891–1958), un trabajador de embarques, pasó por Ellis Island en 1920 y se instaló en Nueva York. En una encrucijada, quiso ser actor profesional. El éxito en el teatro pronto le llevó al estrellato en Hollywood. Sus películas más conocidas incluyen *¡Que pague el diablo!, Horizontes perdidos, El prisionero de Zenda, Doble vida* y *Champagne for Caesar*.

GEORGE BRENT. Después de que su participación en el Ejército Republicano Irlandés (IRA) hizo que las cosas fueran incomodas, el irlandés George Brendan Nolan (1904–1979) llegó a los Estados Unidos en 1922. Cambió su nombre a George Brent y empezó a ser actor en su nueva vida estadounidense. En 1931, empezó a trabajar en Hollywood y tuvo una larga carrera como actor protagonista. Sus mejores películas incluyen *El velo pintado*, *Jezabel*, *Amarga victoria*, *The Fighting 69th* y *Entrada ilegal*.

RICARDO CORTEZ. Aprovechando la locura creada por Rudolph Valentino en los años 1920, Jacob Kranz se convirtió en un latin lover y durante un período de tiempo significativo tuvo bastante éxito. Era un judío austriaco que pasó por Ellis Island en 1921. La mejor película en la que apareció Ricardo Cortez (1899–1977) fue *El torrente*, con Greta Garbo. Sus otras películas incluyen *Argentine Love*, *The Spaniard*, *Cómo nace una pasión*, *Inside Story* y *City of Chance*.

JIDDU KRISHNAMURTI. El venerado profesor espiritual y filósofo indio Krishnamurti (1985–1986) llegó de visita a los Estados Unidos en 1926. Finalmente se instaló de manera permanente en Ojai, California, donde dio clases y escribió libros como *This Matter of Culture* y *You Are the World*.

PAULINE TRIGÈRE. Pauline Trigère (1908–2001) emigró desde Francia en 1937 con casi nada. En 1942, abrió su empresa de diseño de moda, y entre los años 1950 y 1970, fue una diseñadora destacada de ropa elegante y accesorios. Sus bolsos eran especialmente famosos.

CHARLES TRENET. El gran cantante francés Charles Trenet (1913–2001) nunca tuvo la intención de inmigrar a los Estados Unidos. Su experiencia en Ellis Island fue consecuencia de su intención de escapar de la ley. En 1948, navegó a Nueva York para sus compromisos teatrales, pero al llegar fue rápidamente detenido en Ellis Island con cargos de homosexualidad. Fue liberado tras 26 días de detención. Tuvo dificultades parecidas en Francia.

ARTHUR TRACY VUELVE A ELLIS ISLAND. Arthur Tracy, "El cantante callejero", aparece aquí el 15 de febrero de 1995, cuando volvió a Ellis Island para una entrevista de historia oral. Fue su primera visita a Ellis Island desde 1906. Recibió la Medalla de Honor de Ellis Island en 1996.

Siete

ABANDONADO Y CONCERVACIÓN

EL PUERTO DE NUEVA YORK. Esta fotografía aérea fue sacada el 2 de mayo de 1956 a las 12.15 horas a una altitud de 91 metros. En primer plano esta la Estatua de la Libertad, y en la distancia están Manhattan, un barco de vapor que pasa, y una barcaza y un remolcador. A la derecha está el puente de Brooklyn.

LA GRAN SALA ABANDONADA. Esta fotografía fue sacada en 1956, aproximadamente dos años después de que Ellis Island fuera cerrada por el Servicio de Inmigración y Naturalización y declarada propiedad gubernamental excedente. Los intentos de dar la isla a otra agencia federal o de venderla a propietarios particulares fracasaron.

UN MONUMENTO NACIONAL. El 11 de mayo de 1965, el presidente Johnson declaró que Ellis Island era un monumento nacional y mencionó el hecho de que inmigrantes notables como Irving Berlin, David Sarnoff, Spyros Skouras y la madre noruega del vicepresidente Hubert Humphrey habían entrado al país por la estación de inmigración. Johnson hizo que la isla fuera parte del Monumento Nacional de la Estatua de la Libertad y la responsabilidad del Servicio de Parques Nacionales. Aquí, aparece firmando la imposición del nuevo proyecto de ley sobre la inmigración en la Isla de la Libertad en 1965.

LA GRAN SALA DETERIORÁNDOSE. A pesar del estatus de la isla como monumento nacional, los edificios siguieron deteriorándose. También vándalos entraron en la isla para robar la gran cantidad de muebles y otras cosas que habían sido olvidados.

LA OFICINA DE BILLETES DE LA VÍA FERROVIARIA. En esta imagen se muestra la taquilla de un agente en la oficina de billetes, también conocida como la sala ferroviaria.

LA SALA DE ENTRETENIMIENTO DE LA GUARDIA COSTERA. Este viejo piano Kruger aún sigue acumulando polvo en la segunda planta del edificio de los dormitorios y del equipaje. Aunque no aparezca en la foto, hay una vieja caja fuerte enorme alemana al lado.

UN DIAGRAMA DEL ENTRENAMIENTO DE LA GUARDIA COSTERA. Esta imagen es un vestigio revelador del programa de entrenamiento a Ellis Island para los miles de guardacostas jóvenes durante la Segunda Guerra Mundial.

ESCALERAS EN EL EDIFICIO DE LOS DORMITORIOS Y DEL EQUIPAJE. El edificio principal para la detención en Ellis Island, este es donde la anarquista judía Emma Goldman, el mafioso Lucky Luciano y el socialista de Trinidad C.L.R. James estuvieron detenidos antes de sus deportaciones. Numerosos extranjeros de los enemigos nazis y fascistas también estuvieron detenidos aquí. El edificio está abandonado.

EL BARCO *ELLIS ISLAND*. El abandono del barco *Ellis Island* llevó a que éste se hundiera en una tormenta en agosto de 1968. Ahora sólo queda su casco. Empezando en marzo de 1904, *Ellis Island* transportó 1.000 pasajeros, y el barco navegó más de 1,6 millones de kilómetros de un lado para otro por el puerto de Nueva York. Sirvió el personal de inmigración y transportó a los extranjeros liberados a Manhattan.

LA CEREMONIA DE APERTURA DE ELLIS ISLAND. En 1976, gracias a los esfuerzos de Peter Sammartino y su Comisión para la Restauración de Ellis Island, la isla fue parcialmente reformada y abierta para visitas limitadas. Esta multitud de ciudadanos preocupados demostró la importancia de Ellis Island para los Estados Unidos. La cerraron de nuevo en 1984 para restaurarla.

LA RESTAURACIÓN DE LA GRAN SALA. No fue hasta que Ronald Reagan se convirtiera en presidente en 1981 cuando se hizo un gran esfuerzo para restaurar la estación abandonada. Esta fotografía muestra el andamiaje tremendo que se instaló en la sala de registros para ayudar tanto a los restauradores como a los trabajadores.

UN PUENTE A NUEVA JERSEY. Este puente de servicio fue construido en 1984 para permitir que se transportaran suministros a Ellis Island durante la restauración. En un futuro se quitará.

ESCALERAS DE UN EDIFICIO DE DETENCIÓN. En esta foto se muestra una de las muchas escaleras en el edificio de tres plantas del equipaje y de los dormitorios. Se puede ver la valla de contención fijada a la barandilla. Fue diseñada para evitar la fuga de los extranjeros. Esta fotografía fue sacada en 1996.

LA PANADERÍA DE LA COCINA. Esta fotografía de 1996 muestra la vieja panadería en la cocina del edificio del equipaje y de los dormitorios.

UNA ESVÁSTICA. Esta pintada está escrita en los muros de una celda de detención en el edificio del equipaje y de los dormitorios. Desde 1941 hasta 1947, los extranjeros del enemigo alemán fueron detenidos en Ellis Island como prisioneros de guerra. Varios de ellos eran miembros activos del movimiento nazi.

UN PANFLETO DEL SERVICIO DE PARQUES NACIONALES. El autor escribió el texto de este panfleto de 1997 en el cual explicaba el papel de Ellis Island durante la Segunda Guerra Mundial.

UNA VISTA DE LA ESTATUA DE LA LIBERTAD DESDE ELLIS ISLAND. La detención de los extranjeros en Ellis Island no les impidió de tener una vista fantástica de la Estatua de la Libertad, el icono fundamental estadounidense de la libertad.

UNA VISITA AL TEJADO. Esta fotografía del autor fue sacada en el tejado de la sala psiquiátrica en la Isla Dos en marzo de 1999. Los edificios abandonados del hospital en las Islas Dos y Tres han sido recientemente estabilizados y una organización llamada Save Ellis Island! está recaudando fondos para restaurarlos completamente.

UN LIMPIADOR A VAPOR DE COLCHONES. Esta máquina, ubicada en el hospital para enfermedades contagiosas en la Isla Tres, era una medida importante en la prevención de la propagación de una enfermedad.

LA SALA DE AUTOPSIAS. Estas máquinas frigoríficas contuvieron cadáveres. También se hacían autopsias en esta sala, situada en el hospital para enfermedades contagiosas en la Isla Tres. Entre 3.000 y 4.000 inmigrantes murieron en Ellis Island. Los entierros tuvieron lugar fuera del recinto.

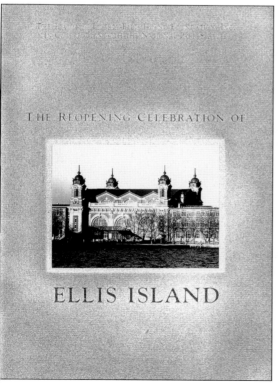

LA REAPERTURA DE ELLIS ISLAND EN 1990. La restauración del edificio principal se consiguió finalmente con la inauguración del Museo de Inmigración de Ellis Island en septiembre de 1990. La Fundación Statue of Liberty–Ellis Island recaudó cientos de millones de dólares para hacerlo. El nuevo museo fue oficialmente inaugurado por el vicepresidente J. Danforth Quayle, en colaboración con Lee. A. Iacocca, el presidente de la fundación.

La entrada principal del Museo de la Inmigración de Ellis Island. El recién restaurado edificio principal tiene un baldaquín de acero y vidrio construido durante la restauración. De una manera modesta, remplaza el baldaquín original que adornó la entrada de 1903 hasta 1931. El letrero y el pedestal se añadieron en 1999.

Turistas en Ellis Island. Desde su reapertura al público como museo en 1990, más de 2(millones de personas han visitado Ellis Island.

La restaurada
Gran Sala aparece como en 1918,
con los candelabros originales, bancos
de madera y azulejos catalanes. Los
azulejos para el techo abovedado y el
suelo fueron diseñados y colocados por
la empresa de Rafael Guastavino.

LA SALA DE REGISTROS. Esta vista más completa de la Gran Sala muestra los bancos originales
en exhibición, además aparecen recreados los escritorios de los inspectores cerca de las escaleras
de la separación, al final de la sala. Las banderas solo tienen 48 estrellas, al ser del año 1918.

UN TOUR GUIADO. El Servicio de Parques Nacionales, que dirige el museo, ofrece varias visitas guiadas en Ellis Island. Aquí, la guía Carol Kelly explica la historia de Ellis Island a una audiencia receptiva. Los visitantes también pueden ver registros de inmigración en el Centro Americano de la Historia de la Inmigración Familiar, que la Fundación Statue of Liberty–Ellis Island abrió en abril de 2001.

LA GALERÍA DE LA EXHIBICIÓN DE LAS *VOCES SILENCIOSAS*. Esta exhibición evoca los años de abandono de Ellis Island mostrando los numerosos muebles deteriorados.

ELLIS ISLAND Y EL MURO DEL HONOR INMIGRANTE ESTADOUNIDENSE. Hecho de acero inoxidable, El Muro del Honor Inmigrante Estadounidense fue construido en dos fases, la primera en 1993 y la segunda entre 1998 y 1999. Patrocinado por la Fundación Statue of Liberty–Ellis Island, tiene más de 600.000 nombres de inmigrantes de todos los períodos de la historia estadounidense inscritos. Sustituyó a un muro temporal hecho de cobre que se instaló desde en 1989 hasta 1990 en una parte del dique cerca del mástil de la bandera.

AGRADECIMIENTOS

Desde hace muchos años he tenido la suerte de trabajar con un grupo fantástico de compañeros en la Estatua de la Libertad y Ellis Island. Estoy agradecido por su apoyo leal y su generosidad en todos mis esfuerzos, tanto en el monumento como en el museo. Especialmente, quiero agradecer a Jeffrey S. Dosik, Diana Pardue, Eric Byron, Janet Levine, Kevin Daley, Cynthia Garrett George Tselos, Sydney Onikul, Frank Mills, Ken Glasgow, Richard D. Holmes, Don Fiorino Judith Giuriceo, Paul Roper, Geraldine Santoro, Nora Mulrooney, Doug Tarr, Michael Conklin Steve Thornton, Brian Feeney, Peter Stolz, Peg Zitko, Sgto. Charles Guddemi de la policía del parque, David Diakow, Katharine Daley y a mis amigos que trabajan en los barcos de Statue of Liberty–Ellis Island, especialmente Luciano Terkovich.

También, quiero agradecer a los voluntarios de nuestro parque, especialmente a Charles "Chick" Lemonick, David Cassells, Marcus Smith, John Kiyusu, Mary Fleming, North y Jesse Peterson, Javier Agramonte y el fallecido Richard Kwiatkowski. Las investigaciones y la amistad de los historiadores Marian L. Smith de la Servicio de Ciudadanía e Inmigración de los Estados Unidos, Peter Mesenhoeller de Alemania (quien ha compartido generosamente su investigaciones sobre Augustus Sherman), Brian G. Andersson de los Archivios Municipales de la ciudad de Nueva York, Robert Stein de la Universidad de la ciudad de Nueva York y Robert Morris y John Celardo de los Archivos Nacionales, también han sido inestimables. Además aprecio la ayuda y el ánimo de mis amigos Loretto D. Szucs, Philip Wilner, Lorie Conway Joseph Michalak, Kevin Sherlock, Louise Muse, Rosemary Gelshenen, John Devanny, Isabe Belarsky, Tom Bernardin, Brian Ockram y la facellida estrella del vodevil y de la radio Arthur Tracy, conocido como el "Cantante Callejero". Ya que hace mucho tiempo que admiro los libros de la editorial Arcadia Publishing, tengo que agradecer a los editores Susan E. Jaggard y Pamela O'Neil, y también al diseñador gráfico Brendan Cornwell, por haberme permitido trabajar en este libro con ellos.

La mayoría de las imágenes en este libro son sacadas de las colecciones del Servicio de Parques Nacionales, la Biblioteca del Congreso, los Archivos Nacionales, y la Organización Estadounidense de Inmigración. Las de otras colecciones son las siguientes: El comedor de Ellis Island (p. 110), la Biblioteca Pública de Nueva York; Rev. P. Gaspare Moretto (p. 63), *La Pequeña Italia* del Dr. Emelise Aleandri, Cipriano Castro (p. 79), Corbis/Bettman; y la Calle de Mulberry (p. 88), el Museo de la ciudad de Nueva York. De la colección del autor, el *París* (p. 28); el *Ellis Island* (p. 94); *El libro de canciones de la radio del cantante callejero* (p. 100); Oland (p. 101); Newman (p. 102); Weissmuller (p. 104); Von Stroheim y Cugat (p. 105); Auer (p. 106) Colman (p. 107); Cortez (p. 108); Trenet (p. 110); un folleto de la Segunda Guerra Mundial y una vista de la Estatua de la Libertad (p. 119); el autor en el tejado (p. 120); la sala de autopsia y el folleto de la reapertura de Ellis (p. 121); y *Voces Silenciosas* (p. 124).

ÍNDICE

8|17